Inhalt

Mikrowellen Rezepte: schnelle Küche und einfache Rezepte - kochen für Faule! Zeit sparen und Mahlzeiten vorbereiten leicht gemacht!

Vorwort

Liebe Leser und Liebe Leserinnen,

die Mikrowelle wurde immer nur zum Aufwärmen von Essensresten verwendet, aber sie kann viel mehr! Nein, ich meinen nicht, dass sie krebserregende Todesfallen sind - es gibt dafür wenig überzeugende Beweise, dass die Mikrowellenöfen genug Strahlungen freisetzen, um Menschen zu schaden.
In der Tat haben Mikrowellenöfen unverdient zu lange Kritik ertragen müssen:
Sie werden Öfen aus einem bestimmten Grund genannt, und sie können Mahlzeiten kreieren, die einem Standardofen entsprechen.
Skeptisch? Ich haben eine Liste von absolut köstlichen Mahlzeiten zusammengestellt - Frühstück, Snacks, Abendessen und Nachtisch -, die Sie schnell vergessen lassen werden, die enttäuschende, nasse Pizza und das gummiartige Restfleisch.

Schlagen Sie nur eine dieser Schönheiten auf. Sie werden Ihren Geschmacksknospen nicht glauben! Bedenke bitte, dass jeder Mikrowelle anders ist und eine andere Watt zahl hat, daher solltest du dein Essen nicht unbeaufsichtigt Kochen lassen!

Lesen Sie bitte immer erst das ganze Rezept durch, bevor Sie beginnen zu Kochen, oder eher Kochen zu lassen ☺️

Guten Appettit

Die Mikrowelle

Mikrowellenofen, auch elektronischer Ofen genannt, ein Gerät, das Essen mittels der hochfrequenten elektromagnetischen Wellen kocht, die Mikrowellen genannt werden.

Ein Mikrowellenofen ist ein relativ kleiner, schachtelartiger Ofen, der die Temperatur von Nahrungsmitteln erhöht, indem er einem hochfrequenten elektromagnetischen Feld ausgesetzt wird.

Die Mikrowellen werden von Wasser, Fetten, Zuckern und bestimmten anderen Molekülen absorbiert, deren Folgevibrationen Wärme erzeugen.
Die Erwärmung findet somit im Inneren des Nahrungsmittels statt, ohne die umgebende Luft zu erwärmen; dies reduziert die Kochzeit erheblich, und das Backen und andere Kochaufgaben, die Stunden in einem herkömmlichen Ofen erfordern, können in Minuten in einem Mikrowellenofen abgeschlossen werden.
Mikrowellenöfen erzeugen Strahlung mit einer Frequenz von etwa 2450 Megahertz mittels eines Magnetrons, das eine Art Elektronenröhre ist.

Frühstück

Erdbeer-Mikrowellen-Frühstücksschüssel

Zutaten:

30 g Haferkleie
2 EL Hafermehl
2 EL Buchweizengrütze
1 EL gemahlener Leinsamen
1/2 TL Backpulver
Prise Salz
1/4 TL Zimt
1/2 TL Vanille
2 EL ungesüßtes Apfelmus
60 ml Mandelmilch
60 g frische Erdbeeren, gewürfelt
Butter zum Bestreichen

Zubereitung:

Die Haferkleie, Hafermehl, Buchweizengrütze, Leinsamen, Backpulver, Salz und Zimt vermischen. Die Vanille-, Apfelmus- und Mandelmilch einrühren, bis alle trockenen Zutaten eingearbeitet sind. Die gewürfelten Erdbeeren vorsichtig unterheben. Bestreichen Sie eine mikrowellengeeignete Auflaufform mit Butter ein und gießen Sie den Teig in die Schüssel.
Erwärme den Masse nun für 1 Minute und 30 Sekunden in deiner Mikrowelle. Danach für 2-3 Minuten abkühlen lassen und genießen.

Rezeptbewertung 1 2 3 4 5 6 7 8 9 10

Meine Notiz:
Buchweizengrütze klingt vielleicht etwas einschüchternd, aber sie sind eine hervorragende Quelle für vollständiges Protein und ein großartiger Ersatz für normale Haferflocken. Dieses glutenfreie Frühstück kombiniert Hafer, Leinsamen und Apfelmus mit faserreichem Buchweizen zu einem köstlichen Essen, das in Sachen Gesundheit und Geschmack nicht zu schlagen ist. Du kannst hierfür auch ein beliebiges Obst verwenden.

Knuspriger Mikrowellen-Speck

Zutaten:

1 Packung Speck

Zubereitung:

Drehen Sie eine Schüssel kopfüber auf einen Teller. Legen Sie den Speck über die Schüssel. Etwa 1 Minute pro Stück Speck in der Mikrowelle kochen lassen. Die Platte fängt das Fett auf, das in die Schüssel tropft. Da das Fett vom Speck wegläuft, entsteht ein knuspriger, etwas "trockener" Speck.

Rezeptbewertung 1 2 3 4 5 6 7 8 9 10

Meine Notiz:
Hier ist ein Hinweis: Diese Methode beinhaltet keine Papierhandtücher, die das Fett aufsaugen. Wenn Sie Ihren Speck knusprig mögen (wer nicht?), Versuchen Sie, die Scheiben auf einer umgedrehten Schüssel zu erhitzen; das zusätzliche Fett tropft an den Seiten herunter und hinterlässt ein außergewöhnlich einfaches Frühstück, von dem niemand glaubt, dass es direkt aus der Mikrowelle kommt. Dazu reichen Sie frisches Rührei und Toast.

Blaubeeremuffin in einer Tasse

Zutaten:

1 Ei
2 EL Flax Mehl
2 EL Mandelmehl
2-4 TL Stevia
½ TL Backpulver
1 EL Kokosnussöl
30 g Blaubeeren (frisch oder gefroren)
Butter (optional)

Zubereitung:

Knacke ein Ei in eine Kaffeetasse und verquirle es gut mit einer Gabel. Fügen Sie 2 EL Flax Mehl, 2 EL Mandelmehl, 2-4 TL Stevia ,½ TL Backpulver, 1 EL Kokosnussöl hinzu. Mit einer Gabel kräftig umrühren, bis alles zusammengemischt ist. 30 g Heidelbeeren unterheben. In deiner Mikrowelle für 1 Minute kochen lassen.

Rezeptbewertung 1 2 3 4 5 6 7 8 9 10

Meine Notiz:
Muffins, die mehr nach Kuchen schmecken, sind nicht gerade eine gesunde Frühstücksauswahl, aber diese Version ist definitiv eine Ausnahme. Hergestellt mit frischen Beeren, Mandelmehl und Kokosnussöl, musst du dieser Versuchung nicht widerstehen! Ebenfalls auch mit anderen Obstsorten kombinierbar.

Französischer Toast in einer Tasse

Zutaten:

1 Stück Butterbrot
60 ml Milch
1 Ei
2 EL Sirup oder Honig
1 TL gemahlener Zimt
eine Prise Salz
1 EL Schokosplitter
Puderzucker (optional)
Zimt Zucker (optional)

Zubereitung:

Mischen Sie in Ihrem mikrowellengeeigneten Becher das Ei, die Milch, den Sirup, den Zimt und das Salz zusammen. Schneide dein Brot in quadratische Stückchen. Fügen Sie das Brot dem Becher hinzu und drücken Sie sie nach unten, so dass sie in der Flüssigkeit eingetaucht sind. Geben Sie die Schokoladensplitter dem Becher hinzu und vermengen sie vorsichtig unteinander, um sie in die Mischung zu integrieren. Streue den optionalen Zimt Zucker darüber. Die Tasse in die Mikrowelle für insgesamt 2 Minuten, es stoppt alle 30 Sekunden (zählen bis zehn und starten Sie neu, dass es nicht in Ihrer Mikrowelle explodiert)
Abkühlen lassen für 1-2 Minuten. Puderzucker darüber streuen und Genießen!

Rezeptbewertung 1 2 3 4 5 6 7 8 9 10

Meine Notiz:
Er ist nicht ganz so knusprig wie dicker French Toast in einer Pfanne, aber diese sehr brauchbare Alternative ist fast genauso lecker - und es dauert nur zwei Minuten. Zerrissenes Brot und gequirltes Ei bleiben die Hauptbestandteile und dieses Frühstück ist genauso vielseitig wie die traditionelle Version. Ich mag meine mit Zimt und etwas Vanilleextrakt!

Pochiertes Ei

Zutaten:
1 Ei
Wasser
Salz
Essig

Zubereitung:
Wasser, ein schuss Salz und Essig in einer kleinen Mikrowellengeeignete Schüssel zu 3/4 füllen. Ein rohes Ei aufschlagen und vorsichtig in das Wasser gleiten lassen. Bei höchster Stufe die Schüssel für 50 Sekunden in die Mikrowelle stellen, je nachdem wie man sie isst. Das Wasser danach abgießen und fertig ist das pochierte Ei. Vorsicht heiß!

Rezeptbewertung 1 2 3 4 5 6 7 8 9 10

Meine Notiz:
Die traditionelle Methode erfordert kochendes Wasser, mit genug Salz und Essig, das Wasser wirbeln lassen mit der richtigen Geschwindigkeit und knacken dann das Ei in der richtigen Weise ... mit anderen Worten, es ist einfach es leicht zu vermasseln. Aber die treue Mikrowelle kann das alles ändern: Sie brauchen nur eine mikrowellenfeste Schüssel, heißes Wasser und ein wenig Salz und Essig (und natürlich ein Ei). Ein kurzer Zappen später, haben Sie das perfekte Topping für jedes gesündere Frühstückssandwich.

Zimt-Ahorn-Frühstücks-Quinoa

2 Personen

Zutaten:

1/2 Tasse Quinoa
1 Tasse kaltes Wasser
1/2 TL Zimt + zum Garnieren
2 TL Butter
Milch oder Sahne,
nach Geschmack Ahornsirup, Honig
nach Geschmack Bananenscheiben

Zubereitung:

Quinoa in Wasser geben und gut ausspülen.Quinoa abtropfen lassen, dann 1 Tasse kaltes Wasser, 1/2 TL Zimt und 1 TL Butter unterrühren. In die Mikrowelle für 4 Minuten. Rühren und weitere 3 Minuten.Aus der Mikrowelle entnehmen, mit Folie abdecken und 2 Minuten ruhen lassen. Restliche Butter unterrühren. Mit Milch übergießen und mit Ahornsirup, Bananenscheiben und Zimt abschmecken.

Rezeptbewertung 1 2 3 4 5 6 7 8 9 10

Meine Notiz:
Dieses gesunde Frühstück verleiht dem Quinoa eine cremige Zimt-Qualität, die ein proteinreiches, ballaststoffreiches Frühstück liefert, das nach einem gesunden Pfannkuchen schmeckt.

Mikrowellen Rührei

2 Personen

Zutaten:

3-4 Eier
Gemüse oder Kräuter nach Wahl
Salz und Pfeffer

Zubereitung:

Die Eier in einer Mikrowellengeeignete Schüssel geben mit Salz und Pfeffer verquirlen. Nach Belieben Gemüse oder Kräuter hinzufügen. Für 30 Sekunden in die Mikrowelle stellen, mit der Gabel rühren, wieder 30 sekunden..., solange bis das Ei stockt.

Rezeptbewertung 1 2 3 4 5 6 7 8 9 10

Meine Notiz:
Knacken Sie ein paar Eier in eine Schüssel, verquirrlen Sie mit einer Gabel und in die Mikrowelle für 30-Sekunden. Simsalabim, Rührei! Geben Sie etwas gehacktes Gemüse hinein und servieren Sie es mit einer Scheibe Toast für eine komplette, sättigende Mahlzeit.

Snacks und Extras

Süßkartoffelchips

Zutaten:

1 Süßkartoffel, sehr dünn geschnitten
1 TL fein gehackten frischen Rosmarin, aufgeteilt
1/2 TL Salz
1/4 TL frisch gemahlener schwarzer Pfeffer
Öl

Zubereitung:

Schneiden Sie einen Kreis aus Pergamentpapier zu einer mikrowellenfesten Platte; Pergament leicht mit Öl bestreichen. Ordne ein Viertel der Kartoffelscheiben in einer einzigen Schicht auf Pergament an. Streuen Sie gleichmäßig mit 1/4 TL Rosmarin, 1/8 TL Salz und einem Schuss Pfeffer. In die Mikrowelle bei max Watt für 4 Minuten geben. Auf Knackigkeit prüfen. Weiter bis zum Ende in 30-Sekunden-Intervallen kochen. Wiederholen Sie den Vorgang mit der restlichen Kartoffel, Rosmarin, Salz und Pfeffer.

Rezeptbewertung 1 2 3 4 5 6 7 8 9 10

Meine Notiz:
Für eine Wendung auf Ihre üblichen Chips ist dieses Rezept eine gute Möglichkeit, etwas Gemüse aufzubrauchen. Es sieht super schick aus - nicht vergessen, diese Chips sind eine gute Ausrede, um mit ein paar gesunden Dips zu experimentieren!

Kartoffelchips

Zutaten:

1 Kartoffel
1 EL Olivenöl
Grobes Salz

Zubereitung:

Die Kartoffeln waschen und trocknen. Legen Sie sie in eine Schüssel und fügen Sie das Olivenöl hinzu und vermengen. Schneiden Sie ein Stück Pergamentpapier auf die mikrowellenfeste Platte. Legen Sie die Kartoffelscheiben in einer Schicht auf die mit Pergament ausgekleidete Platte. Mit grobem Salz großzügig bestreuen. In die Mikrowelle für 5 Minuten oder bis sie knusprig werden. Die genaue Zeit hängt von der Wattleistung Ihrer Mikrowelle ab. Sofort servieren.

Rezeptbewertung 1 2 3 4 5 6 7 8 9 10

Meine Notiz:
Nur wenige Leute würden "knusprig" und "Mikrowelle" in den gleichen Satz schreiben, aber Chips sind eine Sache, und sie verwenden weit weniger Öl als Ihr typisches Paket von Lays oder Pringles. Diese sind überraschend einfach; Denken Sie daran, dass sie weiterhin knusprig bleiben, wenn sie sich abkühlen.

Geröstete Nüsse

Zutaten:
Nüsse nach Wahl, siehe Liste

Nusszeiten
Mandeln (in Scheiben geschnitten) 7-10 Minuten
Mandeln (ganz) 10 Minuten
Kastanien 25 Minuten
Haselnüsse 12-15 Minuten
Macadamianüsse 12-15 Minuten
Pekannüsse 10-15 Minuten
Pinienkerne 5 Minuten
Walnüsse 10-15 Minuten
Erdnüsse (in der Schale) 15-20 Minuten
Erdnüsse (geschält) 20-25 Minuten

Zubereitung:

Eine einzelne Schicht Nüsse auf einer mikrowellenfesten Platte verteilen. Kochen Sie sie in der Mikrowelle in 1-Minuten-Intervallen auf voller Kraft, bis die Nüsse einen knusprigen Crunch, gerösteten Geschmack haben und duften. Die benötigte Zeit variiert je nach Nuss.

Rezeptbewertung 1 2 3 4 5 6 7 8 9 10

Meine Notiz:
Das Toasten von Nüssen setzt ihre ätherischen Öle frei, die ihnen den wohlriechenden Duft verleihen. Aber der Ofen ist nicht immer notwendig. Microwaving Nüsse geben ihnen nicht die gleiche dunkle Farbe wie die Verwendung des Ofens, aber diese Methode gibt ihnen einen Knirschen und Geschmack, der fast identisch mit der traditionellen Methode ist.

Mikrowellen Popcorn

4 Personen

Zutaten:

40 g Puffmais
3 EL Butter
1 Butter Papier,eine art Türe basteln
Salz nach Geschmack

Zubereitung:

Zutaten in die Tüte geben. Deckel hochklappen und seitlich in die Mikrowelle stellen. Kochzeiten variieren je nach Mikrowelle, ca. 2 Minuten.

Rezeptbewertung 1 2 3 4 5 6 7 8 9 10

Meine Notiz:
Sie müssen nicht unmengen an Geld für im Geschäft gekauft Mikrowelle Popcorn ausgeben. Es ist einfach (und viel billiger) mit einigen Maiskörnern, einer Papiertüte und einem kleinen Band. Filmnacht, hier kommen wir!

Mikrowellen Essiggurken

4 Personen

Zutaten:

300 ml Essig
225 g Zucker
Beizen Gewürzmischung
4 mittlere Gurken
1/2 Zwiebel weiß

Zubereitung:

Einfach Gurke und Zwiebel in Scheiben schneiden, alles in eine mikrowellengeeignete Schüssel geben, 6 bis 10 Minuten in der Mikrowelle garen (einmal umrühren) oder bis die Zwiebeln durchsichtig sind. In sterile Behälter umfüllen und im Kühlschrank abkühlen lassen, bis Sie bereit sind, sie zu essen! (Weil diese nicht wirklich konserviert sind, würde ich empfehlen, sie alle innerhalb von 3 Monaten zu essen, aber wenn sie richtig konserviert sind, sind sie bis zu einem Jahr gut.)

Rezeptbewertung 1 2 3 4 5 6 7 8 9 10

Meine Notiz:
Für das Beiz Gewürz, verwenden Sie gleiche Teile Senfkörner, Sellerie Samen und ganze schwarze Pfefferkörner, und fügen Sie eine Prise Kurkuma und Chili. Werfen Sie alles zusammen in ein Glas mit etwas Essig, Zucker, Gurken und Zwiebeln, Mikrowelle für ca. 8 Minuten und voila!

Bananenkuchen im Becher

Zutaten:

300 g + 100 g Mehl
2 EL Stevia
2 T. brauner Zucker
1/8 TL Salz-
1/8 TL Backpulver
1/8 TL Natron
1 Ei
1/4 t. Vanilleextrakt
Pflanzenöl
150 ml. fettarme Milch
eine halbe Banane püriert
Zimt, zum Bestreuen (optional)

Zubereitung:

In einen großen mikrowellengeeigneten Becher oder Schüssel, leicht mit Öl einpinseln. Mehl, Zucker, Salz, Backpulver und Natron mischen. Fügen Sie das Ei hinzu und mischen Sie es bis alle trockenen Bestandteile eingeschlossen sind. Vanille, Öl und Milch einrühren, dann das Bananenpüree. Danach in die Mikrowelle für 1- 1 1/2 Minuten bis 3 Minuten, abhängig von Ihrer Mikrowelle. Sie können es nach 90 Sekunden stoppen und schauen, um zu prüfen, ob es fertig ist - es wird wahrscheinlich über die Oberseite der Tasse steigen und wenn es noch flüssig ist, ist es noch nicht fertig. Aber pass auf, dass es nicht überkocht!

Rezeptbewertung *1 2 3 4 5 6 7 8 9 10*

Meine Notiz:
Ein Superschneller Kuchen ohne viel aufwand. Ich gebe gerne Bananenstücke hizu bestreiche es mit flüssiger Schokolade.

Milchschaum für Getränke

Zutaten:

1,5% Milch

Zubereitung:

Gießen Sie die Milch in das Glas: Füllen Sie Ihr Glas mit so viel Milch, wie Sie normalerweise in Ihrem Kaffee verwenden, aber nicht mehr als halb voll, so dass es Platz für etwas Schaum gibt. Schrauben Sie den Deckel zu. Schütteln Sie das Glas so fest wie möglich, bis die Milch schäumt und sich das Volumen ungefähr verdoppelt hat, 30 bis 60 Sekunden. Mikrowelle für 30 Sekunden: Nehmen Sie den Deckel vom Glas.In die Mikrowelle für 30 Sekunden stellen. Der Schaum wird an die Spitze der Milch steigen und die Hitze aus der Mikrowelle wird helfen, ihn zu stabilisieren. Verwenden Sie den Schaum: Gießen Sie die warme Milch in Ihren Kaffee und löffeln Sie den Milchschaum darüber.

Rezeptbewertung 1 2 3 4 5 6 7 8 9 10

Meine Notiz
Cappuccinos in Café-Qualität standen uns die ganze Zeit zur Verfügung, und wir wussten es nicht einmal. Alles was benötigt wird ist ein Glas, eine Mikrowelle und etwas Milch. Schütteln Sie es, erhitzen Sie es für ein paar Sekunden und Sie haben alles, was Sie für einen erstklassigen Kaffee brauchen. Zimt optional!

Geröstete Kokosnuss

Zutaten:

Kokosnuss raspeln

Zubereitung:

Beginnen Sie damit,die Kokosnuss auf einer mikrowellenfesten Platte zu verteilen. Ich benutze eine 1/2 Tasse gesüßte, gekühlte Kokosraspeln. Dies fügt dem Prozess wahrscheinlich etwas Zeit hinzu. Die Kokosnuss in 30-Sekunden-intervallen in die Mikrowelle geben, bis es anfänglich braun wird. Dies dauerte ca. 4 Minuten in meiner Mikrowelle (auf hohe Leistung eingestellt). Weiter in 30-Sekunden-Stößen. Die Kokosnüse, sanft umrühren, um jedes Mal neu verteilen. Wenn die Kokosnuss so braun ist wie du willst - hör auf. Es ist fertig. Super geeignet als Beilage einer Suppe oder einer Nachspeise

Rezeptbewertung 1 2 3 4 5 6 7 8 9 10

Meine Notiz:
Ob es darum geht, eine Nachspeise zu veredeln oder selbst zu naschen. Die einfache Mikrowellenbehandlung für 30-Sekunden-Intervallen und das regelmäßige Rühren führen zu einer perfekten gerösteten Kokosnuss in weniger als 10 Minuten.

Englischer 90-Sekunden-Muffin

8 Portionen

Zutaten:

25 g Mandelmehl
1/2 EL geschmolzene Butter
1 Ei
1/8 TL Backpulver
Prise Salz

Zubereitung:

Kombinieren Sie alle Zutaten in einer kleinen Schüssel, die mit Öl bepinselt wurde und für 90 Sekunden in der Mikrowelle. Die Schüssel aus der Mikrowelle nehmen und den Muffin herausnehmen. Lassen Sie es für eine Minute abkühlen, bevor Sie es in zwei Hälften schneiden und mit frischem Obst anrichten.

Rezeptbewertung 1 2 3 4 5 6 7 8 9 10

Meine Notiz:
Ob Sie glutenfrei essen, Getreide meiden oder nur Mandelmehl lieben, diese englischen Muffins sind eine hervorragende Ergänzung zu einem gesunden Frühstück. Paleo McMuffins.

Mittagessen & Abendessen

Flockiger Mikrowellen-Lachs

Zutaten:

1 Lachsfilet
Salz und Pfeffer
2 EL Mayonnaise
1-2 EL Sriracha-Sauce (Chili Sauce)
2-3 frisch geschnittene Zitronenscheiben
1 EL Petersilie

Zubereitung:

Lachsfilet mit kaltem Wasser abspülen und trocken tupfen. Legen Sie die Lachshautseite in einen Mikrowellenbehälter. Den Lachs mit Salz und Pfeffer würzen. Beiseite legen. In einer kleinen Schüssel Mayonnaise und Sriracha-Sauce vermischen. Die Mayonnaise-Mischung großzügig auf dem Filet verteilen. Zitronenscheiben und Petersilie hinzufügen.
Bedecken Sie die Schüssel fest mit mikrowellensicherer Plastikfolie. Den Fisch für 3,5 Minuten in die Mikrowelle. Überprüfen Sie die Mitte des Filets auf garheit mit einer Gabel. Wenn es einen ungekochten Fisch gibt, Mikrowelle für weitere 30-45

Sekunden. Mit zusätzlicher Petersilie und Zitronenscheiben garnieren.

Rezeptbewertung 1 2 3 4 5 6 7 8 9 10

Meine Notiz:
Dies ist ein Gericht, das wirklich die Botschaft verkündet, dass die Mikrowelle ein Ofen ist und Gerichte so gesund, schmackhaft und schnell machen kann, dass Sie wünschen würden, dass Sie früher Vorteile daraus gezogen hätten. Die Sriracha Mayonnaise fügt viel zu dieser Mahlzeit hinzu, aber ich empfehlen, die Mayo-Portion für etwas proteinreichen griechischen Joghurt zu tauschen.

Gedünstetes Gemüse

Zutaten:

Verschiedenes Gemüse nach Belieben z.B.:
Karotten, Broccoli, Spargel, grünen Bohnen, Erbsen, Paprika

Zubereitung:

Waschen und trocknen Sie Ihr Gemüse und schneiden Sie es in gleich große Stücke. Legen Sie sie in einer Schicht in eine mikrowellensichere Glasschale oder eine Schale mit Seiten.Fügen Sie gerade genug Wasser in die Schüssel, dass es 1/8 an die Seite derGemüsestücke kommt. Bedecken Sie die Schüssel mit Plastikfolie oder einer mikrowellensicheren Abdeckung und ab in die Mikrowelle für 2 Minuten. Testen Sie das Gemüse auf Weichheit und drehen oder drehen Sie es bei Bedarf. Kochen Sie es erneut für vier Minuten.
Setzen Sie abwechselnd die Seiten fort und kochen Sie eine Minute pro Seite, bis das Gemüse leicht mit einer Gabel durchstochen werden kann.
Sobald Ihr Gemüse feucht und zart ist, ist er bereit serviert zu werden.

Rezeptbewertung 1 2 3 4 5 6 7 8 9 10

Meine Notz:
Keine Notwendigkeit für einen Dampfer hier. Alles, was benötigt wird, ist eine mikrowellenfeste Schüssel mit Deckel. Seien Sie nicht schüchtern - es stellt sich heraus, dass das Kochen von Gemüse in der Mikrowelle ihnen helfen kann, ihre Nährstoffe besser zu behalten, da die Kochzeit verkürzt ist.

Mikrowellen Makkaroni und Käse

Zutaten:

30 g Makkaroni (Röhrennudeln) ungekocht
50 ml Wasser
1/4 TL Salz
25 ml Milch
50 g geriebener Käse
Optional: gewürfeltes Gemüse, gewürfeltes gekochtes Fleisch, gewürfelter Tofu, Chilipulver

Zubereitung:

Legen Sie die Pasta, das Wasser und das Salz in eine tiefe, mikrowellenfeste Schüssel und rühren Sie aller miteinander um. Die Pasta für 2 Minuten in die Mikrowelle auf hoher Leistung, dann rühren. Beobachten Sie, ob das Wasser über die Seite der Schüssel schäumt und rühren Sie bei Bedarf früher um. Verwenden Sie Ofenhandschuhe oder ein Küchentuch, wenn Sie die Schüssel aus der Mikrowelle bewegen müssen.
Wiederholen Sie es in 2-Minuten-Intervallen, bis die Nudeln gekocht sind. Zwischen den einzelnen Intervallen rühren, bis die Pasta weich und durchgekocht ist, ca. 4 bis 8 Minuten abhängig von der Mikrowellenstärke. Wenn die Pasta das gesamte

Wasser absorbiert, bevor die Nudeln gekocht sind, fügen Sie weitere 2 EL Wasser hinzu.
Rühren Sie die Milch, den Käse und alle zusätzlichen Zutaten hinein.In 30-Sekunden-Intervallen den Käse schmelzen lassen bis es eine cremige Soße bildet, 1 bis 1 1/2 Minuten insgesamt. Für eine cremigere Sauce einen oder zwei EL Milch und Käse hinzufügen.Sofort essen.
Dieser Mac und Käse ist am besten, wenn es heiß aus der Mikrowelle kommt. Wenn Sie es wieder aufwärmen müssen, fügen Sie einen zusätzlichen Spritzer Milch hinzu.

Rezeptbewertung 1 2 3 4 5 6 7 8 9 10

Meine Notiz:
Keine verpackten Makkaroni mehr mit diesem geheimnisvollen orangefarbenen Käsepulver! Es benötigt nur Wasser, Makkaroni und Ihre eigene Lieblingsmischung aus Käse - aber ich empfehle, ein paar Brokkoliröschen oder eine Handvoll Spinat hinzuzufügen.

Hackbraten in einer Tasse

Zutaten:

2 EL 1,5% Milch
1 EL Ketchup
2 EL Haferflocken (Schmelzflocken)
1 TL Zwiebelsuppe (pulver) vermischen
115 g mageres Hackfleisch
Ketchup, optional

Zubereitung:

In einer kleinen Schüssel die Mischung aus Milch, Ketchup, Hafer und Suppe vermischen. Bröckeln Sie Rindfleisch über die Mischung und gut vermischen. Masse in eine mikrowellensichere mit öl bepinselte Tasse oder Puddingbecher abgedeckt und die Mikrowelle für 3 Minuten oder bis Fleisch nicht mehr rosa ist. 3 Minuten stehen lassen. Auf Wunsch mit zusätzlichem Ketchup servieren. Ausbeute: 1 Portion.

Rezeptbewertung 1 2 3 4 5 6 7 8 9 10

Meine Notiz:
Fühlen Sie sich frei, die Zwiebelsuppenmischung in diesem Rezept für jede Art von Gewürzmischung (oder Ihre eigene persönliche Mischung!) Zu tauschen und beobachten Sie, wie diese Mahlzeit zum Leben erwacht. Achten Sie darauf, es mit einem Salat zu servieren - oder versuchen Sie, etwas Karotten und Spinat für eine Extraportion Gemüse zu mischen!

Hühnchen Fajitas

4 Personen

Zutaten:

1 Hähnchenbrust
1 grüne Paprika
1 Rote Paprika
1 Zwiebel
Fajita Wraps
Käse

Zubereitung:

Für dieses Hühnchen-Fajitas-Rezept musst du zuerst deine grünen und roten Paprikaschoten nehmen und in Scheiben schneiden und in ein Mikrowellenfestes Geschirr geben(was einen Deckel hat). Fügen Sie dann Zwiebelscheiben hinzu.
Nach Geschmack würzen. Nehmen Sie eine Packung Hühnchen oder schneiden Sie 4 Hähnchenbrust in langen Streifen und würzen sie es nach belieben. Abdecken und für 10 Minuten in die Mikrowelle stellen!
Mit Fajita-Wraps und Käse servieren. Fügen Sie alles hinzu, was Sie mögen

Rezeptbewertung 1 2 3 4 5 6 7 8 9 10

Meine Notiz:
Super einfach, super schnell und super lecker, dieses mexikanische Grundnahrungsmittel ist eigentlich eine ziemlich gute Gemüsequelle. Gemacht mit einer einfachen Mischung aus Zwiebeln, Paprika und Huhn, kann es pur genossen werden oder in Tortillas mit Käse (und vielleicht ein Klecks griechischer Joghurt) gewickelt werden.

Vegetarische Burrito Bowl

Zutaten:

100 g gekochter brauner Reis
55 g schwarze Bohnen, abgelassen und gespült
2-3 EL Salsa oder nach Geschmack
1 EL griechischer Joghurt
1 EL geschredderter Käse
Toppings:
Gewürfelte Avocado, Tomatenwürfel, Guacamole, etc

Zubereitung:

Bereiten Sie den braunen Reis gemäß Packungsanweisungen vor. In einer mikrowellengeeigneten Schüssel Reis, schwarze Bohnen, Salsa, einfachen griechischen Joghurt und geriebenen Käse kombinieren.In die Mikrowelle für 30-60 Sekunden geben bis alles durcherhizt ist. Mit gewürfelter Avocado, Tomatenwürfel oder Guacamole andere gewünschte Belägen belegen.

Rezeptbewertung 1 2 3 4 5 6 7 8 9 10

Meine Notiz:
Diese schnelle Burrito-Schale ist ein perfektes Rezept zum "Reinigen Ihrer Speisekammer". Es ist vielleicht nicht Chipotle, aber mit gekochtem Reis, schwarzen Bohnen, Avocado, griechischem Joghurt und Salsa ist dies die perfekte Mahlzeit für ein schnelles Abendessen oder Mittagessen unterwegs.

Mikrowellen gedämpfte Artischocke

Zutaten:

3 Artischocken
60 ml Wasser
1/2 Zitrone

Zubereitung:

Schneiden Sie die Artischocken ab, indem Sie den Stiel abschneiden und die Blattspitzen abschneiden. Ich schneide sie oft in der Länge und schneide den Choke heraus, aber du kannst diesen Schritt überspringen.
Reibe die Zitrone über alle geschnittenen Teile der Artischocken, damit sie nicht braun wird. Legen Sie alle 3 Artischocken in eine mikrowellengeeignete Schale mit einem eng anliegenden Deckel. Falls sie keinen Deckel haben, nehmen sie einen großen Teller.

Ich stelle sie immer auf den Kopf, damit das Wasser nicht in den Artischocken gesammelt wird, aber sie können mit der richtigen Seite nach oben und dann später herausgedrückt werden. Wasser hinzufügen und abdecken. 10 Minuten in der Mikrowelle kochen lassen. Überprüfen Sie es etwa nach 9 Minuten, da alle Mikrowellen nicht gleich sind, und stechen Sie die Herzen mit einer Gabel. Wenn sie weich sind, sind sie fertig. Abgießen und servieren.

Rezeptbewertung 1 2 3 4 5 6 7 8 9 10

Meine Notiz:
Sie haben mehr Ballaststoffe als jedes andere Gemüse, aber die Zubereitung einer Artischocke schien nie den Aufwand wert gewesen zu sein. Das heißt, bis ich dieses Rezept erfunden haben, das das Gemüse in weniger als 10 Minuten von roh zu fertig bringt. Vergessen Sie nicht, ein wenig Zitronensaft hinzuzufügen - es wird verhindern, dass die Innereien braun werden und die Bitterkeit wir abgeschwächt.

Mikrowellen-Pilz-Risotto

2 Portionen

Zutaten:

15 g getrocknete Steinpilze
350 ml natriumarme Hühnerbrühe, plus mehr bei Bedarf
1 große Schalotte, fein gewürfelt
2 Knoblauchzehen, gehackt
110 g Champignon, Stiel und in Scheiben geschnitten, 0,5cm dick
110 g Shiitake-Pilze, Stiel und in Scheiben geschnitten, 0,5cm dick
4 EL ungesalzene Butter, in EL große Stücke schneiden
Salz
250 g Risotto Reis
80 ml trockener Weißwein
1 Zweig frischer Thymian
30 g geriebener Parmesan, plus mehr zum Garnieren
1 EL gehackte frische Petersilie

Zubereitung:

Die getrockneten Steinpilze und 1 Tasse Hühnerbrühe in einem mikrowellengeeigneten größeren Messbecher verrühren. In die Mikrowelle, unbedeckt stellen, bis die Brühe heiß ist, aber nicht koch. Für 1 1/2 Minuten in einem 1100-Watt-Ofen oder 2 1/2 Minuten in einem 700-Watt-Ofen. Lassen Sie es danach für 5 Minuten ruhen.
Die Steinpilze mit einem Schaumlöffel aus der Flüssigkeit nehmen und dabei überschüssige Feuchtigkeit auspressen. Die Steinpilze grob hacken. Die gehackten Steinpilze und die Steinpilzbrühe getrennt aufbewahren.
Die Schalotten, Knoblauch, Cremini und Shiitake Pilze, 2 EL Butter und 1/4 TL Salz in eine mikrowellengeeignete Backform geben. Mit 2 Stück Plastikfolie (Mikrowellengeeignet) fest abdecken. Machen Sie einen kleinen Schlitz in der Mitte, um überschüssigen Dampf abzulassen. In die Mikrowelle geben bis das Gemüse weich geworden ist, 5 Minuten in einem 1100-Watt-Ofen oder 9 Minuten in einem 700-Watt-Ofen. (Achten Sie beim Entfernen des Plastiks darauf, den heißen Dampf zu meiden.) Wenn etwas Gemüse noch etwas roh aussieht, mischen Sie es in 30-Sekunden-Intervallen erneut.
Den Reis in die Auflaufform geben und umrühren, um die Körner zu beschichten. Fügen Sie den Weißwein, einen Teil der Hühnerbrühe, Steinpilzbrühe und gehackte Steinpilze, Thymian und 1/2 TL Salz in eine Schüssel hinzu und geben es in die Mikrowelle für 8

Minuten in einem 1100-Watt-Ofen oder 10 Minuten in einem 700-Watt-Ofen. Rühren Sie das Risotto und fügen Sie die restliche Hühnerbrühe hinzu.
Wieder in die Mikrowelle, bis der Reis gekocht ist, 9 Minuten in einem 1.100-Watt-Ofen oder 15 Minuten in einem 700-Watt-Ofen. Die restlichen 2 EL Butter, Parmesan und Petersilie hinzufügen und kräftig rühren, bis es cremig ist. In diesem Stadium sollte der Risotto dickflüssig sein, aber aus einem Löffel gießbar sein; Wenn es zu steif ist, mehr Brühe zugeben.
Lassen Sie es für 2 Minuten abgedeckt ziehen.Mit etwas geriebenem Parmesan bestreuen

Rezeptbewertung 1 2 3 4 5 6 7 8 9 10

Meine Notiz:
Wein, Brühe, Käse und viele Pilze vereinen sich zu diesem einfachen, italienisch inspirierten Risotto, der vielseitig genug ist, um jedes zusätzliche Gemüse aufzunehmen. Ich würden etwas Spinat mit einbringen, aber die Möglichkeiten sind endlos. Lassen Sie ihrer Fantasie freien lauf.

Kartoffelsuppe in einer Tasse

Zutaten:

170 g Wasser
3 EL Kartoffeln, in kleinen Würfeln
1 EL weiße Zwiebel, gehackt
2 EL Käse
1 EL Speck, gekocht
2 TL Maisstärke
115 g Hühnerbrühe (oder Gemüsebrühe)
56 g Milch
Salz, Pfeffer
Sauerrahm zum Garnieren, optional

Zubereitung:

Fügen Sie Ihre Kartoffeln und Wasser in einen großen Mikrowellenbecher hinzu. In dieMikrowelle für 3-4 Minuten oder bis die Kartoffeln zart sind. Überprüfen Sie es nach 1,5 Minuten und rühren Sie es um. Nach dem Garen das Kochwasser abtropfen lassen. In die Kartoffeln, den Speck, Käse, Zwiebeln und Maismehl einrühren. Das Maismehl wird deine Suppe verdicken. Milch und Gemüsebrühe unterrühren und mit Salz und Pfeffer würzen. In die Mikrowelle geben und 2½ bis 3 Minuten kochen oder bis es dickflüssig wird und alle Zutaten durchgewärmt sind.

Achten Sie immer auf Ihre Tasse in der Mikrowelle, so dass es nicht über oder nicht zu kochen beginnt. Mit Sauerrahm und einigen Streuseln mit Speck und Schnittlauch garnieren

Rezeptbewertung 1 2 3 4 5 6 7 8 9 10

Meine Notiz:
Schnelle Suppen müssen nicht immer aus der Dose kommen! Dieses einfache Kartoffelsuppenrezept wird vollständig in der Mikrowelle zubereitet und hat ein Bett aus Speck, Käse und saurer Sahne, die obenauf verteilt sind.

"Gerösteter" Knoblauch

4 Personen

Zutaten:

1 oder mehr Köpfe roher Knoblauch
Olivenöl
Salz und Pfeffer

Zubereitung:

Die ungeschälten Knoblauchzehen in die Auflaufform geben und mit Olivenöl beträufeln. Mit Salz und Pfeffer bestreuen. Gießen Sie etwa 1 1/2 EL Wasser für jeden Knoblauchknolle. (Option: Sie können auch Weißwein für einen Wein-infundierten Knoblauch verwenden.) Bedecken Sie die Schale mit einem mikrowellengeeigneten Deckel. Für 6 Minuten in Schritten von je 1 Minute in der Mikrowelle kochen, bis der Knoblauch sehr weich ist. Überprüfen Sie den Knoblauch nach jeweils 3 Minuten und stochern Sie mit einer Gabel, um zu sehen, wie zart die Knoblauchzehen sind.

(Seien Sie vorsichtig, wenn Sie den Deckel entfernen, da heißer Dampf austreten wird.) Knoblauch aus der Schale quetschen.

Rezeptbewertung 1 2 3 4 5 6 7 8 9 10

Meine Notiz:
Dieser Knoblauch wird mehr gedünstet als geröstet, da die Mikrowelle den Knoblauch in seinem Kopf dämpft. Der Geschmack ist nicht ganz so weich, aber das Ergebnis ist so schnell und lecker, dass der Unterschied kaum wahrnehmbar ist. Denken Sie daran, die Mikrowelle auf 50 Prozent für diesen zu halten.

Tortilla Stücken mit Pökelfleisch und Chili

Zutaten:

1 Ei
1 EL Milch
Salz
Gemahlener schwarzer Pfeffer
1 EL Käse, grieben
5 Tortilla-Chips, geteilt
1 EL Salsa
Sauerrahm, beliebige Menge
Quark, beliebige Menge
Frühlings Zwiebel, ringe

Zubereitung:

Schlagen Sie Ei und Milch mit einer Gabel in einer Kaffeetasse und fügen Sie Salz und Pfeffer hinzu, abschmecken. Füge den gerieben Käse hinzu; umrühren. Brechen Sie 3 oder 4 Tortillachips in kleine Stücke, damit sie in den Becher passen. rühren sie die Mischung. Füge Salsa hinzu.
In der Mikrowelle ca. 1 Minute, 10 Sekunden kochen. Mit restlichen Tortillachips, Sauerrahm, Quark und Frühlingszwiebeln garnieren.

Rezeptbewertung 1 2 3 4 5 6 7 8 9 10

Meine Notiz:
Teil Nachos, Teil Quark, alles super. Dieses schnelle, mexikanisch inspirierte Essen ist so einfach, dass es wahrscheinlich für spät in die Nacht reicht. Hergestellt aus Tortilla-Chips, Salsa, Käse und Ei, ist es eine gute Sache, dass nur eine Portion gleichzeitig zubereitet werden kann - es ist einfach, drei zu verlieren! Fügen Sie etwas übrig gebliebenes geschnetzeltes Huhn oder Rindfleisch für zusätzliches Protein hinzu.

Dessert

Schokoladen-Pekannuss-Becher-Kuchen

Zutaten:

30 g + 2 EL Vollkornmehl
¼ TL Backpulver
¼ TL Salz
1 Ei
3 EL Ahornsirup
¼ TL Vanilleextrakt
2 EL Pekannüsse
1 EL Schokoladenstückchen

Zubereitung:

Kombiniere Mehl, Backpulver und Salz in einem mikrowellenfesten Becher, verrühren. Fügen Sie Ei, Sirup und Vanilleextrakt hinzu und vermischen Sie alles mit einer Gabel. Pekannüsse und Schokoladenstückchen einrühren - alles gut zusammenrühren. In die Mikrowelle für ca. 1 Minute und 20 Sekunden
Mit extra Ahornsirup beträufeln und genießen!

.

Rezeptbewertung 1 2 3 4 5 6 7 8 9 10

Meine Notiz:
In weniger als 5 Minuten können Sie gesund (mit einem anderen Mehl, um es glutenfrei zu machen) Kuchen in Ihrem Bauch haben - und mit diesem Einzelportion-Rezept gibt es keine Chance zu viel zu essen. Diese Version verwendet Schokolade und Pekannüsse, aber Sie können selbst Ihrer Lieblings-Nüsse oder andere Beläge zugeben.

Cookie-Dough-Becher-Kuchen

Zutaten:

10 g Kokosnussmehl
10 g Hafer, Blütenzart
1/4 TL Backpulver
12 g Kokosnusszucker
45 ml ungesüßte Vanille Mandelmilch
1 großes Ei , davon nur das Eiweiß
15 g Schokoladenstückchen oder Rosinen

Zubereitung:

Fügen Sie Kokosmehl, Hafer und Backpulver in einen mikrowellenfesten Becher oder einer Schüssel hinzu. Alles gut vermengen. Fügen Sie Zucker und Milch hinzu und rühren Sie, bis keine Klumpen mehr übrig sind, bevor Sie Ihr Eiweiß hinzufügen. Mit einer Gabel oder einem Schneebesen das Eiweiß in den Teig schlagen und sicherstellen, dass es vollständig eingearbeitet ist.

Schokoraspeln unterheben, einige auf der Oberseite einstreuen.
Je nach Mikrowellenstärke und Becherstärke 1 bis 2 Minuten in der Mikrowelle hochkochen. Wenn es sich nach dieser Zeit immer noch nicht hochgearbeitet hat, fahren Sie mit der Mikrowelle in Interval-Schritten von 30 Sekunden fort, bis die gewünschte Konsistenz erreicht ist.

Rezeptbewertung 1 2 3 4 5 6 7 8 9 10

Meine Notiz:
Kokosmehl ist die magische Zutat in diesem köstlichen Gericht. Das glutenfreie Rezept stößt auch Butter und Öl an den Bordstein, was es zu einem noch gesünderen 5-Minuten-Snack macht.

Gewürzter Kürbis-Kuchen

Zutaten:

4 EL Mehl
1 1/2 EL Zucker
1/3 TL Backpulver
1/2 TL gemischtes Gewürz oder Kürbisgewürz
1/4 TL Zimt
1/2 EL Öl
2 EL in Dosen Kürbis / gekocht pürierten Kürbis
2 EL Milch
1 EL Biscoff verteilt(Karamell Aufstrich, oder Spekulatius)
Schlagsahne, Optional

Zubereitung:

Mischen Sie alle trockenen Zutaten in einem mikrowellenfähigen mittelgroßen Schale mit einer Gabel. Kürbis, Öl und Milch hinzufügen und gut vermischen. Gib einen EL Biscoff in die Mitte. In die Mikrowelle für 70 Sekunden. Danach als Topping einen Klecks Schlagsahne oben darauf.

Rezeptbewertung 1 2 3 4 5 6 7 8 9 10

Meine Notiz:
Mit reichlich Ballaststoffen und Kürbisgeschmack wird dieser klebrige geschmolzene Kuchen zu Ihrem neuen Lieblingsdessert. Verwenden Sie Buchweizenmehl für eine gesündere Note und einen zusätzlichen Proteinschub.

Schokoladen Mochi Kuchen

Zutaten:

2 EL süßes Reismehl (auch klebriges Reismehl genannt)
1 EL Zucker
½ EL ungesüßtes Kakaopulver
⅛ TL Backpulver
½ EL Pflanzenöl
2 EL fettarme Milch (oder Sojamilch)
Optional: Puderzucker zum Bestreuen

Zubereitung:

Alle trockenen Zutaten in einem mittelgroßen mikrowellengeeigneten Becher verquirlen. Fügen Sie die nassen Zutaten hinzu und verwenden Sie eine Gabel oder einen kleinen Schneebesen, verquirlen bis der Teig glatt ist. Für 1 Minute in der Mikrowelle kochen. Wenn der Kuchen nicht fertig ist, erhitze es weitere 15 Sekunden. Mit Puderzucker bestreuen und sofort servieren.

Rezeptbewertung 1 2 3 4 5 6 7 8 9 10

Meine Notiz:
„Moch"i ist ein einfacher japanischer Kuchen, der aus einer Mischung von klebrigem Reismehl hergestellt wird (und ist viel leckerer als es klingt). Dieses Rezept fügt Kakaopulver und Milch für einen schokoladigen Twist auf diesem traditionellen Leckerbissen hinzu. Ein Gaumenschmauß!

Minuten Käsekuchen

Zutaten:

56 g Frischkäse,
2 EL saure Sahne
1 Ei
½ TL Zitronensaft
¼ TL Vanille
2-4 EL Zucker

Zubereitung:

Mischen Sie alle Zutaten gründlich in einer mikrowellengeeigneten Schüssel. In der Mikrowelle für 90 Sekunden kochen lassen und alle 30 Sekunden unter Einarbeitung aller Zutaten umrühren. Bis zum Servieren kühl stellen.
Optional: Topping mit frischem Obst, Schlagsahne und Nussmehl.

Rezeptbewertung 1 2 3 4 5 6 7 8 9 10

Meine Notiz:
Frischkäse, saure Sahne, Zitronensaft, Ei und ein Süßstoff Ihrer Wahl vereinen sich zu diesem erstaunlich einfachen, köstlichen und kohlenhydratarmen Dessert. Als Topping mit vielen frischen Beeren, und es gibt keine Notwendigkeit für extra Süßstoff

Kaffee Becher Kuchen

4 Personen

Zutaten:

2 EL Pfannkuchen-Mix (Pulver fertig)
3/4 TL Zimt
60 ml ungesüßte Mandelmilch
2 EL geschmolzene Butter
2 EL Ahornsirup

Belag
3 EL grob gehackte Mandeln
2 TL brauner Zucker

Zubereitung:

In einer Schüssel Pfannkuchen-Mix, Zimt, Mandeln (ein hauch gehackter), ungesüßte Original Mandelmilch, Butter und Ahornsirup vermischen. Teig zwischen zwei gefetteten Tassen teilen. Das Belag gleichmäßig auf beide verteilen. In die Mikrowelle für 30-60 Sekunden (abhängig von Mikrowellenstärke und gewünschter Klebrigkeit)

Rezeptbewertung 1 2 3 4 5 6 7 8 9 10

Meine Notiz:
Dieser Bad Boy ist genau die perfekte Begleitung für einenNachmittags Kaffekränzchen, und es besteht keine Gefahr, vor dem Abendessen sich den halben Magen zu verderben Die Nüsse können auch getauscht werden, so wie Sie es am liebsten mögen

.

Mikrowelle Brownie

Zutaten:

2 EL ungesüßtes Kakaopulver
11 g Vollkornmehl
30 ml Wasser
15g fettarmer griechischer Joghurt
2 TL Agave
⅛ TL Vanilleextrakt

Zubereitung:

Ein 1-Tassen mit Öl bestreichen. Beiseite stellen.In einer kleinen Schüssel den Kakao und das Mehl verquirlen. In einer separaten Schüssel Wasser, Joghurt, Agave und Vanille verrühren. Fügen Sie die trockenen Zutaten in das nasse hinzu und rühren Sie, bis alles eingearbeitet ist.Den Teig in den vorbereitete Tasse geben und vorsichtig hin und her schütteln, bis die Oberseite glatt ist. In die Mikrowelle für 2 Minuten und 15 Sekunden (2:15). Lassen Sie den Brownie mindestens 3 Minuten vor dem Essen ruhen

Rezeptbewertung 1 2 3 4 5 6 7 8 9 10

Meine Notiz:
Ein gesünderer Schokoladengenuss, der in einer Mikrowelle hergestellt werden kann, klingt wie völliger Unsinn ... bis Sie ihn in den Mund nehmen. Diese zuckerfreie, butterfreie Zubereitung wird sicherlich von denen geschätzt werden, die ihre Schokolade dunkel mögen.

Impressum

1. Auflage

Kontakt: Nicolai Bentele/ Wangener Str.33 / 88267 Vogt
Covergestaltung: Heike Möller
Coverfoto: depositphotos.com

32220425R00045

Printed in Poland
by Amazon Fulfillment
Poland Sp. z o.o., Wrocław